Det dummeste dyret.

En revurdering.

Av praktisk talt alt.

Bo Kenneth

bokenneth@outlook.de

2021

Förlag; BoD – Books on Demand, Stockholm, Sverige

Tryck; BoD – Books on Demand, Norderstedt, Tyskland

ISBN; 978-91-7969-0861

Alt.

Er egentlig enkelt.

Vår klode.

Er et enestående sted.

Og en enestående anledning.

Til å lære.

Å leve.

Vår klode.

Er en frodig klode.

Samtidig tidløs.

Og levende.

Alltid skiftende.

Og selvfornyende.

Tilnærmet evig.

En himmelsk hage.

Med elver.

Av livseliksir.

Og mat overalt.

Som vokser på trær.

Et praktisk paradis.

Uten latterlige gater.

Av gull.

En verden.

Der det er nok av alt.

Så lenge ingen.

Vil ha alt.

Der tid. Og ro.

Fremstår. Som former.

For overflod.

Hvor vi fritt.

Kan spise frukt.

* * *

Alt.

    Er egentlig enkelt.

Vi blir til.

    Om vi vil. Eller ei.

Noen ganger.

    Uten at noen.

    Egentlig ville det.

Vi blir til.
Fra nesten ingenting.

Siden.
Blir vi hele tiden til.

I våre enkelte bestanddeler.
Lever vi evig.

I et omfattende system.
Som uopphørlig oppstår.

Som uttrykk.
Og utgangspunkt.
For forfall.

* * *

Det er lett.
Å leve.

De aller fleste.
Vil allerhelst.
Leve i fred.

Og fortsette.
Med det.

Uten.

Å plage andre.

Som en livslov.

Og forbilde.

For andre lover.

I en verden.

Hvor vi kan avle.

Hva vi trenger.

Og lage Ting.

Ingen trenger.

Hvor vi kan høste kunnskap.

Som kan foredles.

    Og forvandles.

Til visdom.

Der ingenting,

Vil kunne kompensere.

For et liv.

Korrumpert.

Av Ting.

* * *

I en verden.

Uten underliggende mening.

Eller endelige mål.

Utover å leve.

Der alle.

Blir eldre.

Noen blir syke.

Og alle dør.

Der noen.

Ser døden.

Som en slags port.

Mot noe nytt.

Som en slags overgang.

Som dengang vi ble født.

Og skrek.

I forventningsfull glede.

For andre.

Som ikke.

Var like heldige med været.

Vil døden.

Kanskje kunne sees.

Som en slags frifinnelse.

For noen.

Fremstår døden.

Som en form.

For forvandling.

Som en ny begynnelse.

Helst uten.

Å havne.

I helvetes frityrgryter.

* * *

Verden vil bedras.

Alt.

Er egentlig enkelt.

Praktisk talt alt.

Er fundamentalt galt.

Fundamentalt fiktivt.

Og fatalt føydalt.

I en omvendt verden.

Oppdiktet.

Og illusorisk.

Oppstått.

Og opprettholdt.

Ut fra hva vi gjør.

Og ikke gjør.

Motivert.

Av illusjoner.

Av former.

For fiksjon.

Som ikke sees.

Som fiksjon.

Der oppdiktede forestillinger.

Og fortellinger.

Fremstår.

Som fundament.

For en omvendt verden.

Basert.

På Bedrag.

Og allment selvbedrag.

Som uttrykk.

    For flukt.

Og frykt.

Som utgangspunkt.

For en fiktiv.

Og primitiv tilværelse.

Forsvart.

Som reell.

Og rasjonell.

Ut fra frykt.

Og fordringer.

Om å forledes.

Og fornedres.

Som fordringer.

Om å fortrenge frykt.

Motivert.

Av fiksjon.

Og frykt.

For fravær.

Av fiksjon.

Fravær.
    Av forestillinger.
    Og fortellinger.
Om ”guder”.
Og ”overhoder”.

Som symboler.
    For en fiktiv.
    Og primitiv tilværelse.

Som symboler.

        For frykt.

Og fordringer.

        Om allmenn Underkastelse.

Som fordringer.

Om tro.

Og tilbedelse.

Basert.

På former for fiksjon.

Glorifisert.

Og guddommeliggjort.

Som ”religion”.

* * *

Underkastelse.

Vi vil bedras.

Som basis.
    For hva vi gjør.
For å bedras.

Vi vil bedras.

Og fordrer former.

For fiksjon.

Som formål.

Og fundament.

For hva vi gjør.

For å motivere.

Mytifisere.

Og muliggjøre.

Hva vi gjør.

Som bidrag.

Til andres Bedrag.

Og allment selvbedrag.

Basert.

På allment ”arbeid”.

Som bestrebelser.

For å bedras.

Ut fra forestillinger.

Om at ”Arbeit macht frei”.

Ut fra allmenn anerkjennelse.

        Av ”arbeid”.

Som livsbetingelse.

        Og livsforpliktelse.

Som utgangspunkt.

For allmenn Underkastelse.

Forsvart.

Av frykt.

Og angst.

For armod.

Og fornedrelse.

Opprettholdt.

    Som frykt.

    For fravær.

Av ”arbeid”.

* * *

Fravær.

    Av hva vi gjør.

For å fremheve.

    Og forsvare.

Hva vi gjør.

Som nyttig.

    Og nødvendig.

Målt med Tall.

Som Tegn.

For ”Velstand”.

Og ”Verdi”.

Som Tegn.

For ”livsløgn”.

Og målestokk.

For ikke nok.

Som utgangspunkt.

For uopphørlig higen.

Og allmenn avhengighet.

Av globalisert Grådighet.

* * *

Vi vil bedras.

Basert.
På allment ”arbeid”.
Og Underkastelse.

Som livsbetingelse.
Blant ”arbeidere”.

Modernisert.

Som ”med-arbeidere”.

Som ”innsatte”.

Ansett.

Som ”ansatte”.

Som selger seg selv.

Som fe.

Med CV.

Der de aller fleste.

Ofrer.

Det aller meste.

Av det eneste livet.

De aller fleste har.

For å ”overleve”.

Motivert.

Av Tall.

Og fordringer.

Om å fordreie.

Og fortrenge forestillinger.

Om bondefangeri.

Og allment slaveri.

Basert.

På allmenn avhengighet.

Av andres Grådighet.

Og former.

For Tallmagi.

I en omvendt verden.

        Av fordringer.

Om å fremstå.

        Og fremheves.

Fremfor andre.

Ut fra frykt.

        Og angst.

For andre.

Og hverandre.

Som utgangspunkt.

For forestillinger.

Om andre.

Som motstandere.

I en slags tilværelse.

    Som fordrer ”ledere”.

For å forlede.

    Og fornedre andre.

Ut fra frykt.

    Og angst.

Blant andre.

I en omvendt verden.

Som ingen ”styrer”.

Som tidvis bryter sammen.

Og gjenoppstår.

Ut fra fordringer.

Om å ”regjere”.

Og posere.

Som ”ledere”.

I en slags alles kamp.

　　Mot andre.

Mer destruktiv.

　　Enn krig.

* * *

En uopphørlig kamp,

Basert.

På allment ”arbeid”.

For å fremheve.

Og forflere forestillinger.

Om Tall.

Som Tegn.

For Tvang.

Og allmenn Underkastelse.

Ut fra andres fordringer.
Om Overflod.
Og selvhevdelse.

Som fordringer.

Om Tall.

Som Tegn.

For Rang.

Og Rett.

Til Ting.

Som Tegn.

For Rang.

Ut fra forestillinger.

Om Tall.

Og titler.

Som Tegn.

For aktelse.

Anseelse.

Og anerkjennelse.

Som basis.

Og bakgrunn.

For et slags ”samfunn”.

Pervertert.

Av Grådighet.

Og primitiv destruktivitet.

Uttrykt.

Som aggressivitet.

Og former.

For ødeleggende.

Og dødbringende livsutfoldelse.

Forsvart.

Av blendverk.

Og Bedrag.

Som uttrykk.

For ”politikk”.

For fordringer.

        Om å fremheve.

        Og ”folkeliggjøre”.

Former for føydalisme.

Og en fatal føydal tilværelse.

* * *

”Politikk”.

Er ikke kunst.

”Politikk”.

Er annenrangs teater.

Med annenrangs aktører.

Og akrobater.

I alle roller.

Som oppdiktede skikkelser.

Mytifisert.
        Og glorifisert.
Som ”fremtredende”.
        Og ”ledende”.

I oppdiktede fortellinger.

Formulert.

For å fremheve.

Og dramatisere.

En uopphørlig kamp.

For å beherske.

Og betvinge.

For å opprettholde forestillinger.

        Om ”ledelse”.

Som forutsetninger.

        For fordringer.

        Om Overflod.

Og ”overlevelse”.

Blant ”ledere”.

Som symboler.

Og forgrunnsfigurer.

For en fatal føydal tilværelse.

Forsvart.

Av Vold.

Og fordringer.

Om ”makt”.

Som uttrykk.

For frykt.

Blant ”ledere”.

Som utgangspunkt.
        For århundrers kamp.
        Og krig.

Mytifisert.
        Og ”naturliggjort”.
Som livsbetingelse.

Basert.
        På århundrers lidelse.
        Og forestillinger.
Om evig liv.

* * *

Vi vil ikke vite.

Det dummeste dyret.

Skiller seg fra andre dyr.

Ved å ville skille seg.

Fra andre dyr.

Det dummeste dyret.

Skiller seg fra andre dyr.

Som det mest destruktive.

Og selvdestruktive dyret.

Som ser seg selv.

Som gudegitt.

Som skapt.

Av guddommelige skikkelser.

Guddommeliggjort.

Av det dummeste dyret.

Som hyller.
Og dyrker.
Guddommelige skikkelser.

Ut fra frykt.
Og angst.

Fremkalt.
Og opprettholdt.
Av forestillinger.
Om guddommelige skikkelser.

* * *

Vi vil ikke vite.

Ut fra frykt.

For frukt.

Ut fra frykt.

Og angst

For hva.

Vi ville kunne.

Ha vondt av.

Hva.

Vi ville kunne komme.

Til å måtte anse.

Og erkjenne.

Som skremmende absurd.

* * *

Vi vil ikke vite.

Ut fra angst.

        Og avhengighet.

Av Uvitenhet.

Ut fra angst.

Og avhengighet.

Som uttrykk.

Og utgangspunkt.

For Uvitenhet.

Som utgangspunkt.

For hva vi gjør.

Uten.

Å ville innse.

Eller erkjenne.

Hva vi faktisk gjør.

Uten.

Å ville vite.

Som form.

For å forsvare.

Og fortrenge.

Hva vi gjør.

Ut fra Uvitenhet.

Og primitivitet.

Som utgangspunkt.

For århundrers kamp.

Og krig.

For å opprettholde kampen.

Ut fra forestillinger.

Om evig liv.

Forsvart.

Av forestillinger.

Om ”guder”.

Som forutsetninger.

For forestillinger.

Om ”overhoder”.

Som symboler.

For avhengighet.

Og primitivitet.

For fordringer.

Om å forledes.

Og fornedres.

Ut fra avhengighet.

Av Uvitenhet.

Og primitivitet.

* * *

Vi fordrer fjes.

Vi vil bedras.

    Og fordrer frykt.

Som forsvar.

    For hva vi gjør.

Motivert.

    Av frykt.

Og fordringer.

    Om å fortrenge frykt.

Som uttrykk.

For en slags logikk.

Uttrykt.

Som hva vi gjør.

For å bedras.

Og betvinges.

Ut fra frykt,

For fravær.

Av frykt.

* * *

Vi fordrer frykt.

Som basis.

For å bedras.

Som basis.

For å fordre fjes.

For å forledes.

Og fornedres.

Som fjols.

Som undersåtter.
    Og godfjotter.
    Som fordrer forestillinger.
Om illusoriske skikkelser.

Som fordrer flokker.
    Av undersåtter.
    Og godfjotter.

For å fremstå.
    Og fremheves.
Som ”ledere”.

Som forgrunnsfigurer.

I oppdiktede fortellinger.

Formulert.

For å forlede.

Og fornedre.

For å fornye frykt.

Og angst.

Som forutsetninger.

For forestillinger.

Og fordringer.

Om ”ledere”.

For fordringer.

Om å opprettholde.

En føydal tilværelse.

Som en slags Ond Sirkel.

Av allmenn Underkastelse.

Og selvfornedrelse.

Normalisert.
        Og naturliggjort.
Ut fra frykt.

For fravær.
        Av ”ledere”.
Og ”ledelse”.

* * *

En Ond Sirkel.

Vi vil bedras.

Og bidrar.

        Til en uopphørlig kamp.

For å opprettholde.

En Ond Sirkel.

Som uttrykk.

Og utgangspunkt.

For en fatal tilværelse.

Omtalt.

        Som en jammerdal.

Ut fra århundrers forfall.

        Og allment ”syndefall”.

Som en slags straff.

For ikke.

Å ville vite.

Som en slags forbannelse.

Forkledd.

    Som føydalisme.

Som fordringer.

Om å bedra.

Og betvinge.

For å beherske.

Forkledd.

Som ”politikk”.

Som betegnelse.

For aldri endelige fordringer.

Om ”makt”.

Forkledd.

Som ”ledelse”.

Som forsvar.

For en fatal føydal tilværelse.

Pervertert.

Av rivalitet.

Og destruktivitet.

Motivert.

Av Grådighet.

Og fordringer.

Om Overflod.

Og selvhevdelse.

Som fordringer.

Om å fortrenge frykt.

Og angst.

For armod.

Og fornedrelse.

I en verden.

        Dominert av frykt.

Og fordringer.

        Om ”makt”.

Som uttrykk.

        For frykt.

Uttrykt.

Som fordringer.

Om å bedra.

Og betvinge.

Ut fra frykt.

For fravær.

Av ”makt”.

Fravær.

Av frykt.

Som fundament.

For fordringer.

Om å fremheve og fornye frykt.

Og angst.

Som forutsetninger.

For forestillinger.

Om ”makt”.

Som forutsetninger.
For forestillinger.
Om ”mektige menn”.

Som symboler.
For en primitiv.
Og destruktiv tilværelse.

Som primitive skikkelser.

Som fordrer pomp. Og prakt.

Som Tegn.

For ”makt”.

Som uttrykk.

For frykt.

Og angst.

For ”avmakt”.

Og fornedrelse.

Blant ”mektige menn”.

Som symboler.

For århundrers barbari.

For århundrers Vold.

Og Vanvidd.

Kamp. Og krig.

Som uttrykk.

    Og utgangspunkt.

For århundrers føydalisme.

Og århundrers Voldsvelde.

Som symptom.

For en slags ”sivilisasjon”.

Pervertert.

Av frykt.

Og ”politikk”.

* * *

Psykokrati.

Praktisk talt alt.

Er fundamentalt galt.

I et slags ”samfunn”.

Forsvart av Vold.

Og Vanvidd.

Kamp. Og krig.

Motivert.

Av ”makt”.

Og ”politiske” intriger.

Som utgangspunkt.

For kriger.

Som uttrykk.

For en aggressiv.

Og destruktiv strategi.

Forsvart.

Som ”politikk”.

Som form.

For ”statsbærende” Bedrag.

Basert.

På allment selvbedrag.

På fordringer.

Om ”frihet”.

Og ”demokrati”.

Forsvart.

Av kamp. Og krig.

Kommers.

Og kremmeri.

Som uttrykk.

For en mafiøs logikk.

Uttrykt.

Som ”politikk”.

Som en uopphørlig kamp.

For å opprettholde.

Og forsvare.

En slags tidløs mafiøs strategi.

Basert.

    På frykt.

Og fordringer.

    Om allmenn Underkastelse.

I bytte.

    Mot ”beskyttelse”.

Som forsvar.

Og fundament.

For en fatal føydal tilværelse.

Og århundrers barbari.

Som former.

For ”psykokrati”.

Maskert.

Og mytifisert.

Som føydalisme.

Som symptom.

For århundrers sinnslidelser.

Og sinnssykdom.

Motivert.

Og pervertert.

Av former.

For psykopati.

Som muligvis.

”Det viktigste problemet man aldri har interessert seg for”.

I en verden.

Av kamp. Og krig.

Der former.

For psykopati.

Delvis anses.

Som fordelaktig.

Ut fra forestillinger.

        Og fordringer.

Om ”naturlige ledere”.

Som forutsetninger.

        For å ”overleve”.

For å dominere.

Som form.

For å ”styre”.

Ut fra frykt.

Og forakt.

For andre.

Ut fra frykt.

Og angst.

For ”avmakt”.

Blant pamper.

Og ”partier”.

Despoter.

Og ”demokrater”.

I en verden.

        Av ”stater”.

Som fristeder.

        Og ”velferdsstater”.

For ”psykokrater”.

* * *

Vi vil ikke vite.

Som uttrykk.
   For flukt.
Og frykt.

Fremkalt.
   Og opprettholdt.
Av former.
   For fiksjon.

Formulert.

For å forlede.

Og fornedre.

For å fremheve.

Og fornye frykt.

Som basis.

    For å bedras.

Ut fra frykt.

Som forsvar.

For hva vi gjør.

Som bestrebelser.

For å bedras.

For å bidra.

Til en jammerdal.

Basert. På Bedrag.

Forsvart. Av Vold.

Og former.

For fiksjon.

Som basis.

For en verden.

Av latterlig lettlurte idioter.

Som fremdeles fordrer ”ledere”.

Og forventer.

At alt blir bedre.

Ifølge Einstein.

Et tydelig tegn…..